zentangle®

eindrucksvolle Werke verwandeln

Linien, Quadrate, Rhomben, Raster, Dreiecke, Ranken

Zentangle beruhigt den Geist. Es hilft, Stress abzubauen und die Konzentration zu fördern. Dieser Entspannungsprozess verwandelt das Zeichnen einfacher Muster in künstlerische Gestaltung. Zentangle wurde von Rick Roberts und Maria Thomas entwickelt. Dieses Ritual hilft jedem, mit dem Leben in Verbindung zu treten, Probleme zu lösen, Fehler ins Positive zu wenden, innovativ zu sein und kreativer zu werden.

Lernen Sie mit dieser entspannenden und bereichernden Kunstform für alle Altersgruppen, faszinierende Tangles zu schaffen. Genießen Sie die Erfahrung des »Tangelns«.

Traditionelle Zentangles ...

Zu jedem traditionellen Zentangle gehört eine ganz einfache Vorgehensweise:

1. Setzen Sie einen Bleistiftpunkt in jede Ecke eines Papierquadrates. Verbinden Sie die Punkte zum Grundrahmen.

2. Zeichnen Sie die Hilfslinien-»Richtschnüre« mit dem Bleistift: im Zickzack, als X, Kreis oder in irgendeiner anderen Linienführung, die das innere Quadrat in Felder unterteilt.

Diese Linie stellt den »roten Faden« dar, der alle Muster und Ereignisse im Lauf des Lebens verbindet.

Die Bleistiftlinien werden nicht ausradiert, sondern verschwinden später.

3. Verwenden Sie einen schwarzen Tuschestift, um die Felder, die von der »Schnur« gebildet werden, mit Tanglemustern zu füllen.

4. Drehen Sie das Papierquadrat, wenn Sie die Felder mit Mustern füllen.

Jetzt geht's los ...

 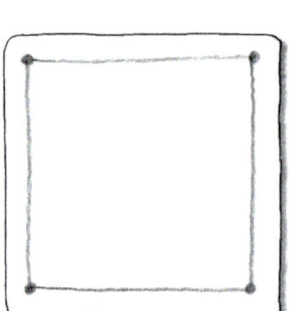 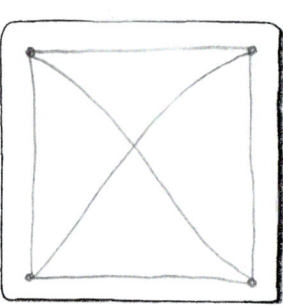 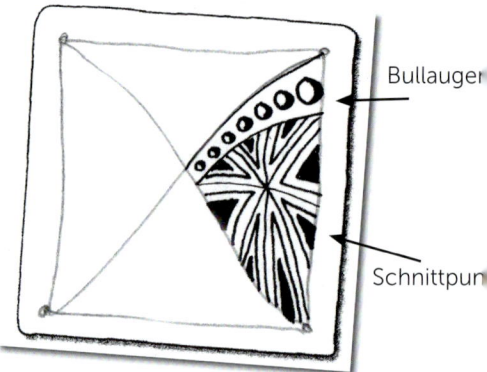

Bullauger

Schnittpun

1. Setzen Sie mit einem Bleistift einen Punkt in jede Ecke.

2. Verbinden Sie die Punkte mit dem Bleistift.

3. Zeichnen Sie mit Bleistift eine »Richtschnur« als Hilfslinie: im Zickzack Z, als Kringel, »X« X oder Wirbel.

4. Zum Marker wechseln und Tangle-muster in die Felder zeichnen, die von der »Schnur« gebildet werden. Wechseln Sie das Muster, wenn Sie auf eine Linie treffen. Manche Felder dürfen weiß bleiben.

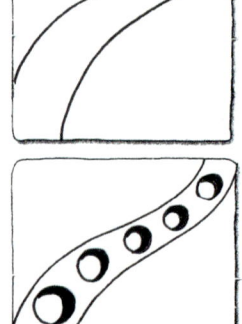  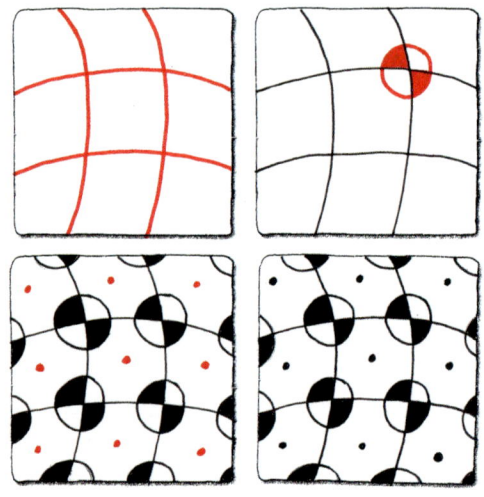

Bullaugen

1. Zwei Linien in derselben Richtung zeichnen.

2. Einen Kreis zwischen die Linien zeichnen.

3. Eine sichelförmige Linie an einer Seite des Kreises einzeichnen.

4. Diese »Mondsichel« schwarz ausmalen.

5. Weitere Kreise hinzufügen.

Schnittpunkt

1. Je eine Linie von links nach rechts und von oben nach unten zeichnen. Die Linien schneiden einander.

2. Je eine Linie von links unten nach rechts oben und von links oben nach rechts unten zeichnen. Alle vier Linien schneiden sich im selben Punkt.

3. Eine dreieckige Zacke in jedes Feld zeichnen.

4. In jede Zacke eine kleinere Zacke einzeichnen.

5. Die kleinen Zacken schwarz ausmalen.

Propeller

1. Parallele horizontale Linien (gerade oder bogenförmig) zeichnen.

2. Parallele vertikale Linien (gerade oder bogenförmig) zeichnen.

3. Um jeden Schnittpunkt einen Kreis zeichnen.

4. Zwei gegenüberliegende Segmente jedes Kreises schwarz ausmalen.

5. Einen Punkt in die Mitte jedes Rasterfeldes setzen.

Jedes Tangle ist ein einzigartiges Kunstwerk, und es gibt Hunderte von Variationen. Beginnen Sie am besten mit Grundmustern, und entwickeln Sie dann Ihre ganz eigenen Muster.
Bei Zentangle setzen wir keinen Radiergummi ein. Denn genau wie im »richtigen« Leben können wir Ereignisse und Fehler nicht ausradieren, sondern müssen auf sie aufbauen und aus jedem Ereignis lernen.
All unsere Erfahrungen fließen in unseren Lernprozess und in unsere Lebensmuster ein.

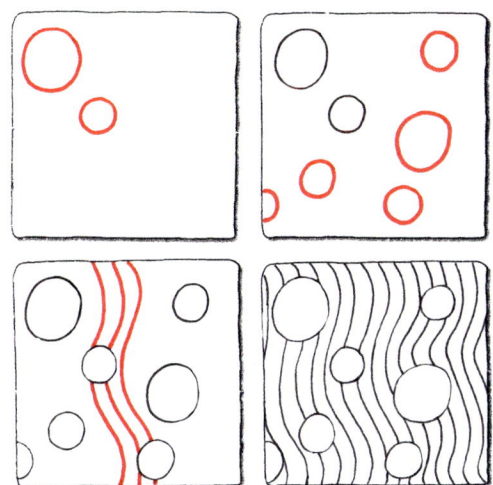

Nipa*

1. Einen Kreis in das vorgesehene Feld zeichnen.
2. Weitere Kreise in unterschiedlichen Größen dazu zeichnen.
3. Eine Wellenlinie von oben nach unten zeichnen. Achtung! Die Linie an jedem Kreis unterbrechen, damit es so aussieht, als ob sie unter dem Kreis hindurchliefe.
4. Die gesamte Zeichenfläche mit Wellenlinien füllen.

Fluss

1. Eine stark gewellte Linie und eine zweite Linie parallel dazu zeichnen, sodass das Zeichenfeld durch den »Fluss« unterteilt wird.
2. Den Raum zwischen den beiden Linien schwarz ausmalen.
3. Weitere Linien rechts vom »Fluss« zeichnen. Manche dieser Linien sind wellig, andere bogenförmig mit Zacken.
4. Das Blatt so drehen, dass die leere Seite des Zeichenfeldes rechts liegt, und auch diese Seite mit Linien füllen.

Optional ...
So schattieren Sie Ihr Zentangle

Durch das Schattieren bekommt Ihr Tangle Tiefe.
1. Färben Sie einzelne Bereiche und Details mit der Seite Ihres Bleistifts leicht grau. 2. Die mit Bleistift gefärbten Flächen mit einem Papierwischer bearbeiten, damit ein einheitlicher Grauton entsteht.
Hinweis: Sparsam schattieren! Achten Sie darauf, dass weiße Bereiche weiß bleiben.

Wo könnte man schattieren?

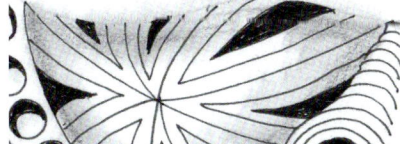

Innerhalb der Konturen der Schnittpunkte

Auf einer Seite des Flusses

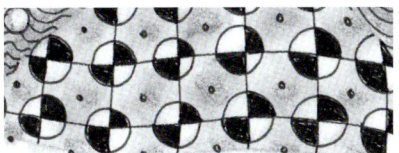

In jedem Hintergrundfeld der Propeller

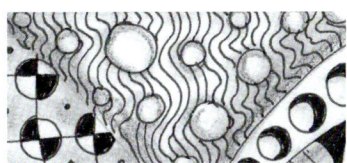

Rund um die Kanten des Nipa*

Verwenden Sie den Bleistift zum Schattieren und einen Papierwischer zum Verwischen der grauen Bereiche.
Wenn Sie einen ca. 5 mm breiten Schatten entlang der rechten und der unteren Kante der fertigen Zeichnung anlegen, tritt das Tangle dreidimensional hervor.

* Original Zentangle-Muster

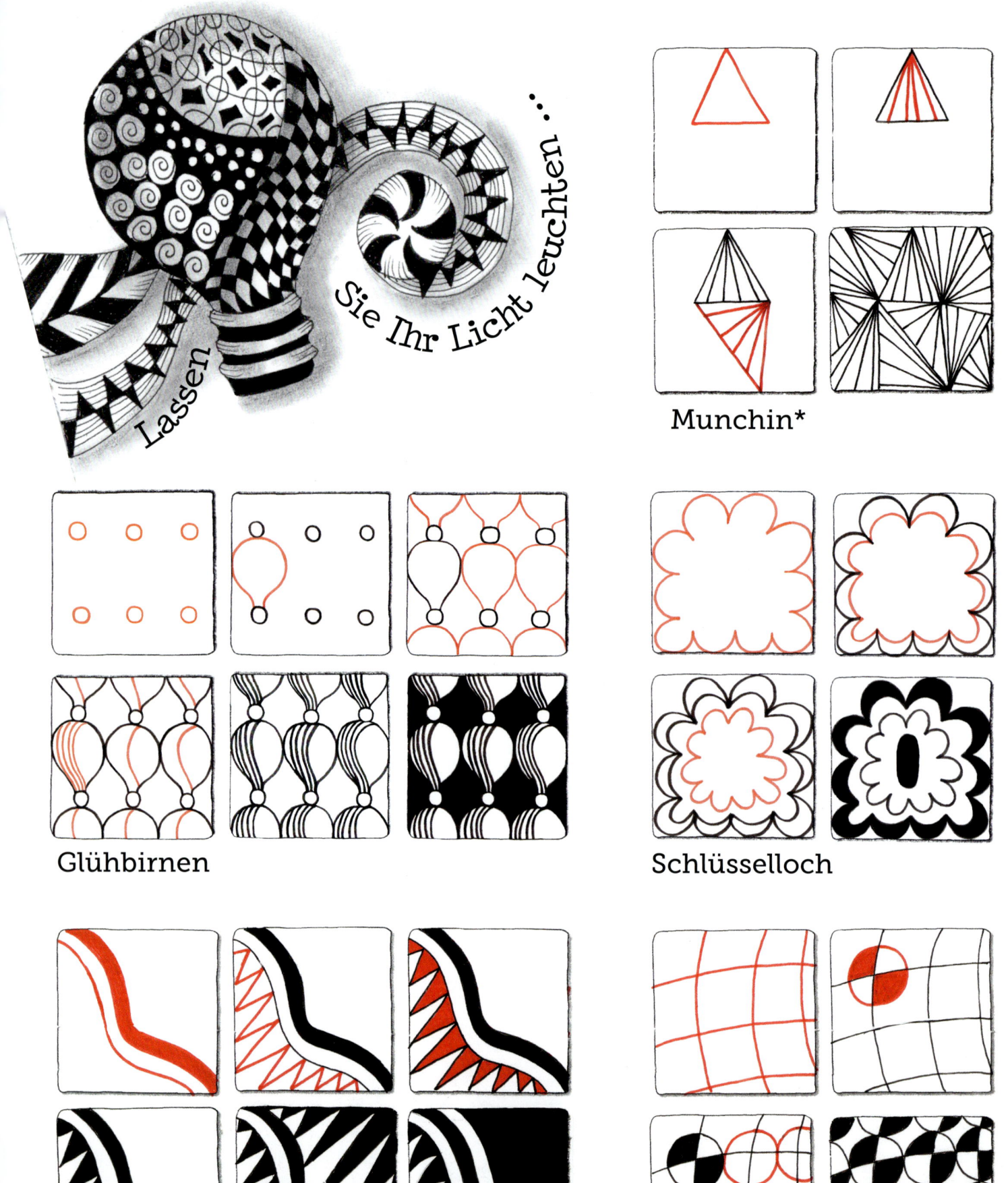

Lassen Sie Ihr Licht leuchten ...

Munchin*

Glühbirnen

Schlüsselloch

Sonne & Schatten

Variante

Viertel

* Original Zentangle-Muster

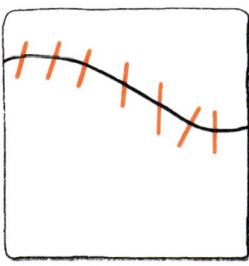
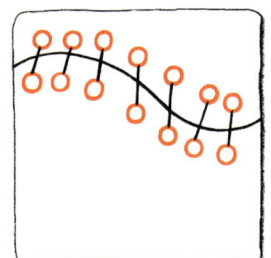
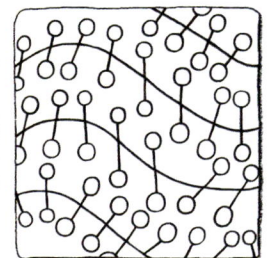

Wachstum

Verkabelt

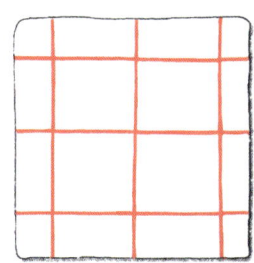

Üben Sie jeden Tag ein neues Tangle-Muster und zeichnen Sie jeden Tag ein neues Tangle.

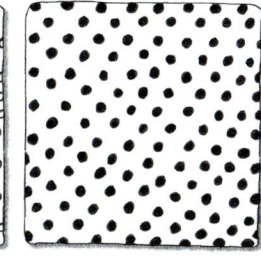

Zielscheiben

Tupfen

Variante

Wachstum

Ziegel
Variante

Zielscheiben

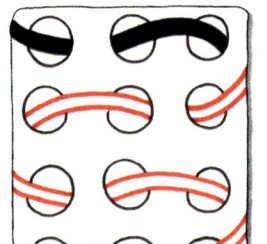

Rein und Raus

Schlüsselloch

Glühbirnen

7

Latten

Variante

Variante

Korbgeflecht

Hüpfekästchen

Kreuz & Quer

Quadrat im Quadrat

Variante

Biskuitrolle

Variante

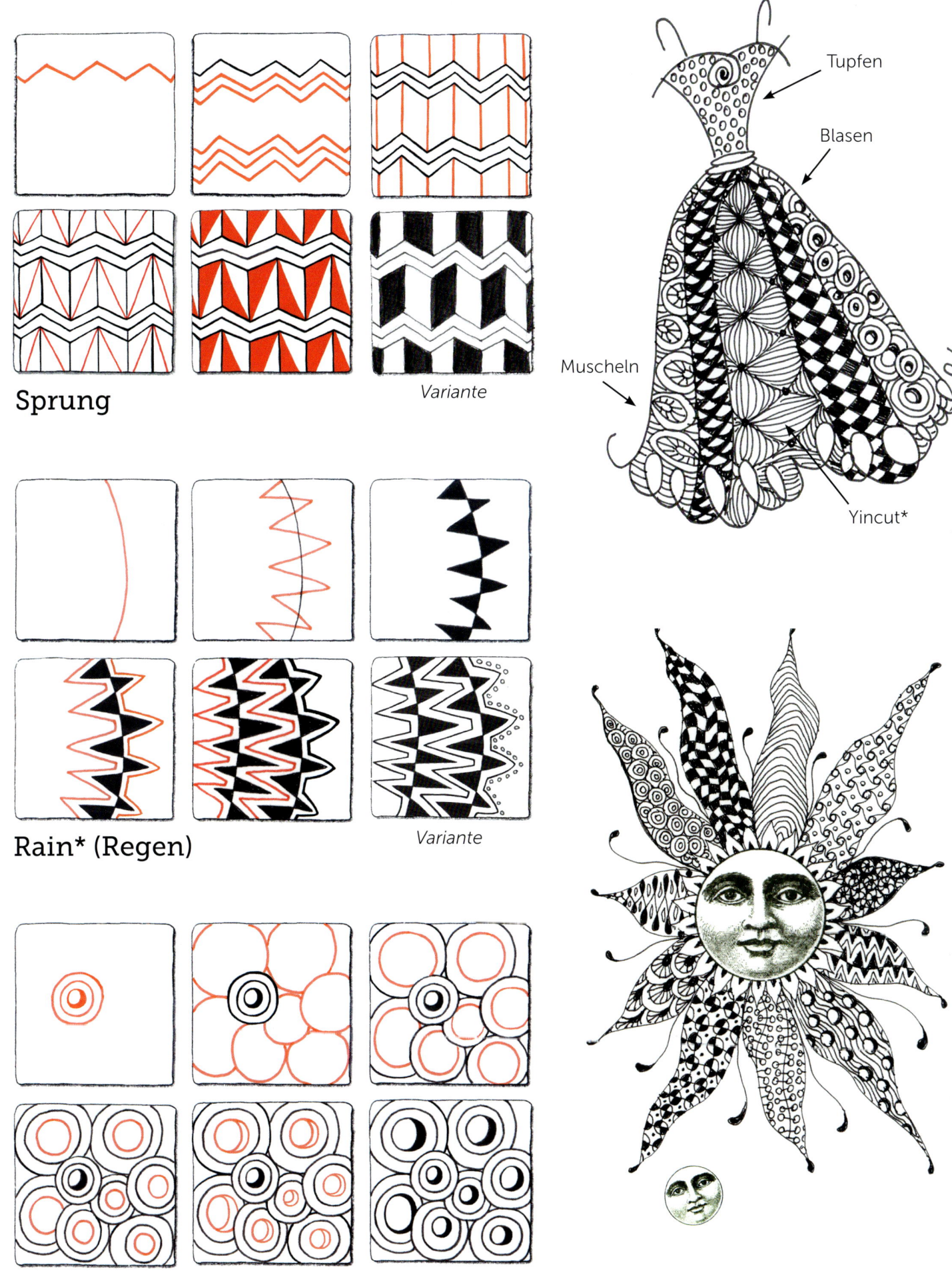

Sprung

Rain* (Regen)

Variante

Variante

Blasen

Tupfen

Blasen

Muscheln

Yincut*

Yincut*

Ringe

Muscheln

Variante mit Schatten

Tröpfchen

Variante

Zuckerstange

Winkel

Kette

Variante

Variante

* Original Zentangle-Muster

Ranken

Sprossen

Ziegel

Variante

---

* Original Zentangle-Muster

Munchin* Biskuitrolle Tröpfchen Winkel Bullaugen

Bullaugen

Regen

Kreuz & Quer

Zucker-stange

Ranken

1. Reihe
Nipa*
Korbgeflecht
Tröpfchen
Kette

2. Reihe:
Schnittpunkt
Propeller
Muscheln
Perle an Perle

3. Reihe:
Verkabelt
Wachstum
Munchin*
Zielscheiben

4.Reihe:
Biskuitrolle
Yincut*
Regen
Blasen

Verwenden Sie einen Stempel mit dem Umriss eines Etiketts.

Tangle-Sammlung

Legen Sie eine Sammlung aller Tangle-Muster und ihrer Varianten an, die Sie geübt und gelernt haben: So haben Sie eine Auswahl an Mustern zum Zeichnen neuer Werke.

Tipp: Schneiden Sie jedes Etikett aus und schreiben Sie den Namen des Tangles auf die Rückseite. Am besten bewahren Sie alle Etiketten in einer Dose auf. Wenn Sie Ihr nächstes Zentangle gestalten, ziehen Sie ein Etikett aus dem Gefäß und zeichnen das entsprechende Muster in ein Feld. So verfahren Sie bei allen Feldern Ihres Tangles.

11

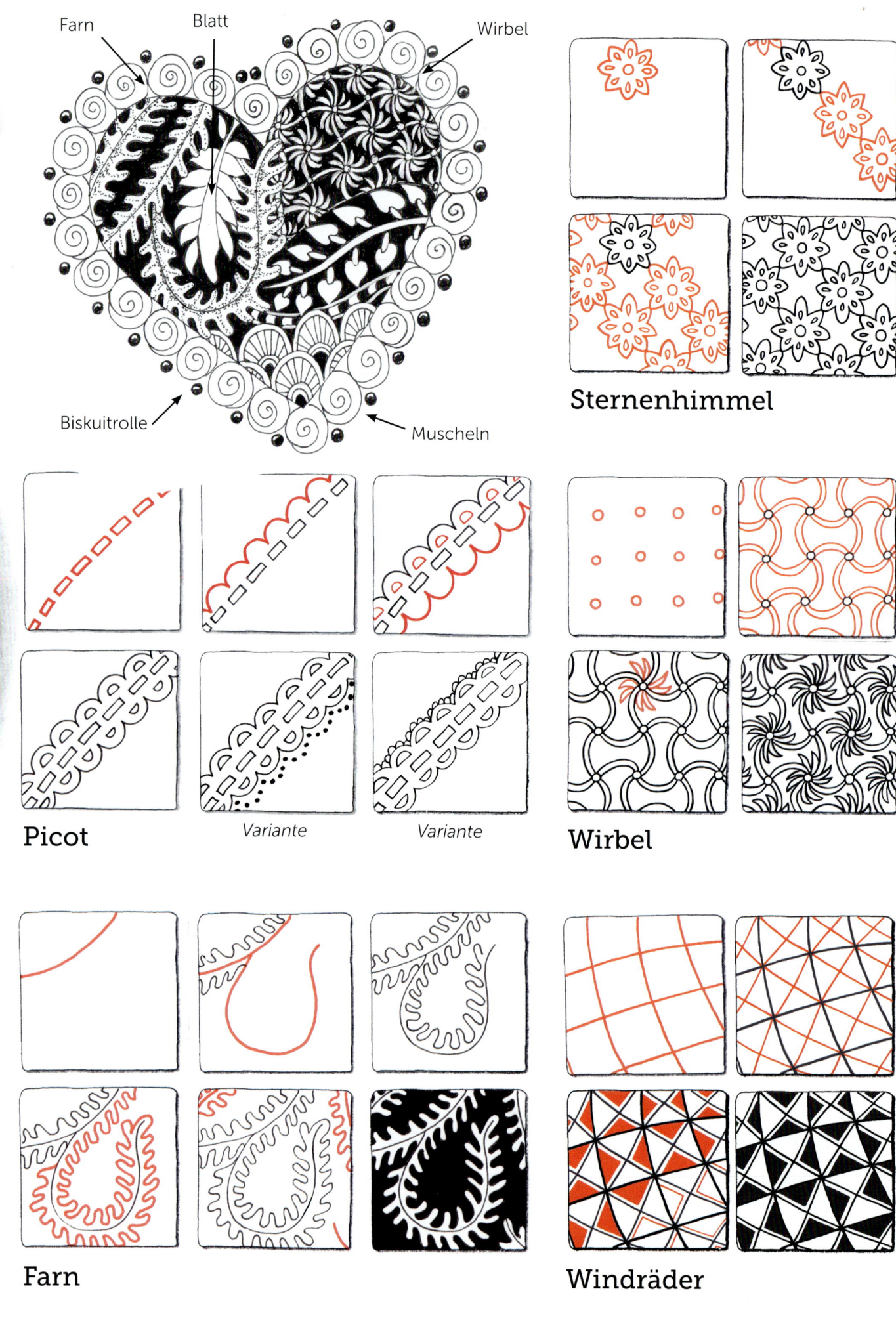

Farn   Blatt   Wirbel

Biskuitrolle   Muscheln

Sternenhimmel

Picot   *Variante*   *Variante*   **Wirbel**

Farn   **Windräder**

Perle an Perle

Variante *Variante*

Blatt

Unten sehen Sie einige andere Vorschläge für einfache Gesichter und Frisuren.

Beste Freundinnen
Am einfachsten ist es, wenn Sie sich selbst eine Puppe mit Armen, Beinen und Kopf zeichnen. Lassen Sie Ihrer Phantasie freien Lauf!

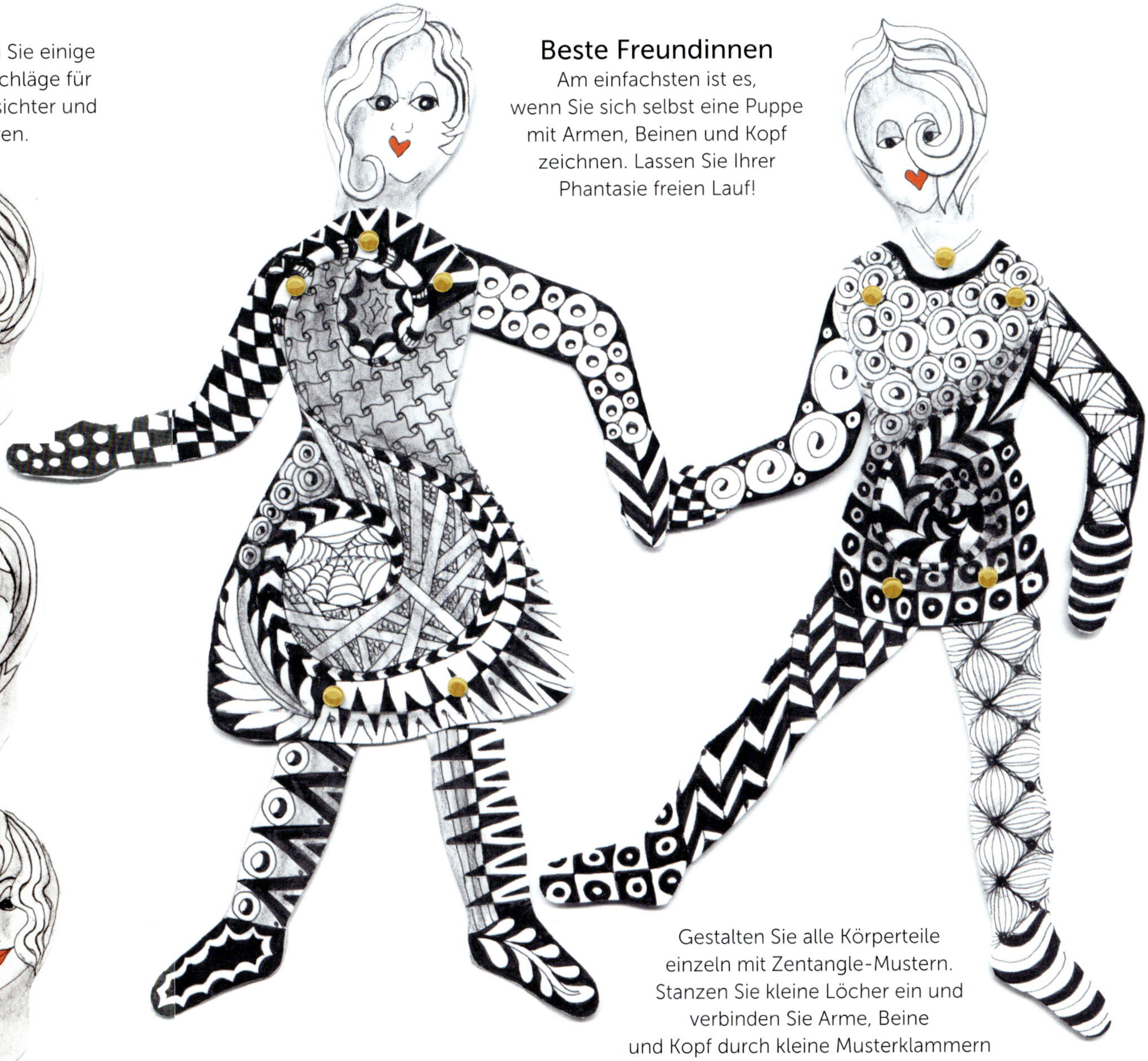

Gestalten Sie alle Körperteile einzeln mit Zentangle-Mustern. Stanzen Sie kleine Löcher ein und verbinden Sie Arme, Beine und Kopf durch kleine Musterklammern mit dem Körper.

Stempelkonturen und Zentangle ...

Welch großartige Idee! Verwenden Sie einfache Gummistempel als Kontur für Ihre Zeichnung. Drucken Sie den Stempel mit Permanent-Stempelfarbe in Schwarz ab, und zeichnen Sie in jedes Feld ein Zentangle-Muster. Diese hinreißenden Blüten hat Kate Farricker (absolutelyeverything.com) gestaltet.

Debbie Lagan, Kathy Jones und Mandy Boukous haben die mehrlagigen Blütenkarten mithilfe ihrer Outlines-Stempel geschaffen ... wundervolle Blätter, Kringel und mehrlagige Blüten, die sich perfekt für Zentangles eignen.

Stempeln Sie drei Eulen. Zeichnen Sie einen Ast und Blätter,
dann kolorieren Sie die Blätter mit einem Pigmentmarker in Grün.

Stempelkonturen und Zentangle ...

Sie werden diese pfiffige
und einfache Technik lieben.
Stempeln Sie das gewünschte
Bild mit Permanentfarbe in
Schwarz. Dann kolorieren Sie
nach Belieben einzelne Bereiche
mit rotem Pigmentmarker oder
setzen farbige Akzente.
Plastisch wirkt Ihr Werk, wenn Sie
mit Embossingfarbe stempeln, den
Abdruck mit Embossingpulver
bestreuen und das Pulver mit einer
Heißluftpistole schmelzen, um eine
erhabene Kontur zu schaffen.
Zeichnen Sie mit einem schwarzen
Pigmentmarker Tanglemuster in
jedes Feld der Embossingkontur.
Die Unterschiede in der Struktur
werden Sie begeistern!

Stempeln Sie drei Herzen. Dann unterteilen Sie die
Fläche rund um die Herzen mit einer »Schnur« und
füllen jedes Feld mit einem Tanglemuster aus. Die
Herzen mit einem Pigmentmarker rot ausmalen.

Stempelkonturen und Zentangle ...

Warum habe ich nicht daran gedacht?
Selbst wenn Sie »nicht zeichnen können«, ist dies hier eine perfekte Technik, die jedermann begeistern wird. Verwenden Sie einfache Gummistempel als Kontur für Ihr Werk. Drucken Sie das Stempelbild mit Permanentfarbe (z. B. StazOn) in Schwarz auf Papier. Dann zeichnen Sie in jedes Feld ein Zentangle-Muster.
Herzen, Äpfel, Vorratsgläser, Kleidung, Blüten, Hüte, Schmetterlinge und andere Tiere sind großartige Motive für Zentangles.

Beispiele für Gummistempel-Konturen
vor dem Füllen der Felder mit Tanglemustern.

40 tolle Tanglemuster

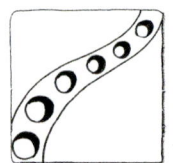
Bullaugen
Seite 4

Schnittpunkt
Seite 4

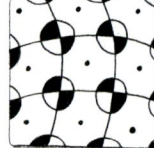
Propeller
Seite 4

Nipa*
Seite 5

Fluss
Seite 5

Munchin*
Seite 6

Glühbirnen
Seite 6

Schlüsselloch
Seite 6

**Sonne &
Schatten**
Seite 6

Viertel
Seite 6

Wachstum
Seite 7

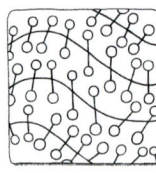
Verkabelt
Seite 7

Zielscheiben
Seite 7

Tupfen
Seite 7

Rein & Raus
Seite 7

Latten
Seite 8

Korbgeflecht
Seite 8

Hüpfekästchen
Seite 8

Kreuz & Quer
Seite 8

**Quadrat im
Quadrat**
Seite 8

Biskuitrolle
Seite 8

Sprung
Seite 9

Rain*
Seite 9

Blasen
Seite 9

Yincut*
Seite 10

Ringe
Seite 10

Muscheln
Seite 10

Tröpfchen
Seite 10

**Zuckerstange
Winkel**
Seite 10

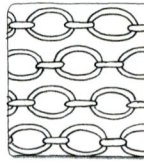
Kette
Seite 10

Ranken
Seite 11

Sprossen
Seite 11

Ziegel
Seite 11

**Sternen-
himmel**
Seite 12

Picot
Seite 12

Wirbel
Seite 12

Farn
Seite 12

Windräder
Seite 12

Perle an Perle
Seite 13

Blatt
Seite 13

* Original Zentangle-Muster

Suzanne McNeill

ist als Trendsetterin der Hobby-Industrie bekannt. Sie ist
mit Begeisterung kreativ tätig und testet, experimentiert
und erfindet ständig allerlei Neues und Pfiffiges.
Suzanne McNeill ist die Frau hinter Design Originals, einem
Verlag für kreative Freizeit. Sie ist Designerin, Künstlerin,
Kolumnistin, Fernsehmoderatorin, Verlegerin, Kunstlehrerin
und Autorin und liebt alles, was sich kreativ und praktisch gestalten lässt.
Bücher, Veranstaltungen und ein »Zentangle der Woche« finden Sie im
Internet unter blog.suzannemcneill.com

Vielen Dank an mein Team für all die freundliche
Hilfe und die wundervollen Ideen!
Kathy Mason | Kristy Krouse | Patty Williams